ANIMACCORD
Masha and The Bear™

Series created by O. Kuzovkov. Art Director: I. Trusov.

Loi n° 49-956 du 16 juillet 1949 sur les publications destinées à la jeunesse.
Dépôt légal : avril 2025. Édition 01. Rédaction : Aurélie Desfour. Maquette : Élodie Marty.
Achevé d'imprimer par Pollina - 500544 - en France en avril 2025.

ANIMACCORD

Masha et Michka™

LA DISPUTE

hachette
JEUNESSE

Quel temps magnifique aujourd'hui dans la forêt ! C'est le moment idéal pour repeindre la clôture. N'est-ce pas, Michka ? Avec sa caisse remplie de pots de peinture, l'ours hésite. Blanc ? Non. Rouge ? Pas sûr... Jaune ?

OUI, PARFAIT !

Mais voilà que Masha arrive comme une tornade. Elle, elle adore le rouge ! Ni une ni deux, elle s'empare d'un pinceau et commence à peindre.

–YOUPI ! Rouge, c'est la plus jolie des couleurs ! s'exclame-t-elle avec entrain.

Vite, vite, Masha peint à toute allure !
En un clin d'œil, elle a déjà terminé son côté.
GRR ! Michka, lui, voulait du jaune.
Il reprend son pinceau et recouvre les piquets.
– Non, du rouge ! insiste Masha en fronçant les sourcils.

GRR ! Michka a choisi le jaune !
Une couche de rouge par ici, une couche de jaune par là. Quel bazar !
– Pourquoi tu gâches tout ce que je viens de faire ? se fâche Masha.
Exaspéré, Michka finit par cacher le pot de peinture rouge sous sa caisse.

– Si tu réagis
comme ça, personne
ne voudra être ton ami ! boude Masha.

AH BON ?

Michka va lui prouver qu'elle
raconte n'importe quoi.
Justement, voilà le lapin
qui essaie de déterrer
une carotte dans le potager.

HOP ! Michka l'aide d'un coup de patte. Puis, il met un coussin sur son fauteuil. Viens t'installer confortablement, petit lapin ! Le lapin grignote pendant que l'ours le balance doucement. Alors, qui est le meilleur des amis ? C'est Michka !

– Moi aussi, je vais trouver un nouvel ami !
rétorque Masha.

OH TIENS !

L'ours costaud passe par là.
– Salut champion ! Ton haltère a l'air lourd.
Qu'est-ce que tu es fort !
Et patati, et patata ! Elle le couvre
de compliments et l'applaudit à tout va.

RAAAH ! Michka est jaloux !
Il propose au lapin une partie d'échecs… avec des rondelles de carottes.
Voilà un jeu original ! L'ours espère bien prouver à Masha qu'il s'amuse beaucoup avec son nouvel ami.

L'ours costaud, lui, décide de s'en aller.

– Attends ! Une petite photo pour tes admirateurs ! le retient Masha.

CLIC, CLAC !

– Oui, c'est parfait ! Incroyable ! Tu es le plus éblouissant de tous les athlètes ! s'enthousiasme-t-elle.

Et pendant ce temps, que se passe-t-il du côté de Michka ?

ZUT ! Après sa victoire aux échecs, le lapin retourne au potager. Il cueille des carottes… encore et encore ! Décidément, chacun a une façon bien à lui de s'amuser !

Ce qui est sûr, c'est que l'ours costaud est pressé de s'en aller.

– OH NON !

Attends ! insiste Masha.

Toi, tu es éblouissant, mais ton haltère n'est pas encore aussi beau que toi. Je vais lui donner un coup de chiffon.

FROTTE, FROTTE !

Voilà, maintenant, l'haltère brille comme un miroir.

WAOUH !

L'ours costaud admire son reflet. Quelle classe ! C'est vrai qu'il est magnifique.

Que va bien pouvoir mijoter Michka, cette fois ?

TIENS, TIENS !

D'où vient cette mélodie entraînante ?
Du jardin de Michka, bien sûr !
Il joue du banjo. Il a aussi dressé
une table avec une nappe
et un gâteau à la carotte
pour son nouvel ami.
Quelle gentille
attention !

Et pendant ce temps, est-ce
que l'ours costaud prépare
un goûter pour Masha ?
Pas du tout ! Il remplit
une brouette d'haltères.

VOILÀ !

Masha n'a plus qu'à les frotter
pour les faire briller…
Quelle drôle de surprise !
Masha voudrait jouer,
pas travailler !

Michka, lui, continue d'être un ami formidable. Il met un nez rouge, enfile un grand chapeau et jongle avec des balles. Quelle rigolade !

WAOUH ! C'est un vrai spectacle de cirque.

Malheureusement, dès qu'il a le dos tourné, le lapin l'abandonne pour retourner dans le potager. **HOP, HOP !** Il ramasse TOUTES les carottes et s'en va. Sans un regard pour Michka. Pauvre Michka ! Il est si triste ! Finalement, le lapin n'était pas un vrai ami...

OH ! LÀ, LÀ ! Les choses ne vont pas mieux pour Masha. Car maintenant que tous ses haltères brillent, l'ours costaud s'apprête à rentrer chez lui.

– Attends ! Arrête-toi, s'il te plaît, demande Macha. Tu veux t'amuser ? On pourrait jouer à la dînette ? NON !

– Alors, à cache-cache ?

C'est d'accord !

GÉNIAL !

Masha bondit de joie et va compter contre un arbre.

– Un, deux, trois, quatre, cinq. Attention, j'arrive !

Mais quand Masha se retourne, surprise ! L'ours costaud ne s'est pas caché… il s'enfuit !

PFF… Ce n'est pas très gentil. Finalement, elle aussi est toute triste.

Masha et Michka se retrouvent, chacun de leur côté de la clôture. Pour Masha, c'est le côté rouge. Et pour Michka, le jaune. Et au milieu, les deux amis baissent les yeux.

SNIF... Finie, la joie ! Terminée, la bonne humeur ! Masha et Michka n'osent même plus se parler...

Heureusement, Masha ne reste jamais longtemps sans prendre la parole.

– Dis, Michka ? On peut redevenir amis comme avant ? demande-t-elle.

Bon, c'est d'accord. Mais comment ne plus se disputer ? Michka réfléchit...

YOUPI ! Il a une idée !

L'ours va chercher un vieux seau tout rouillé. Il verse de la peinture rouge dedans, la couleur préférée de Masha.

Au tour de Masha ! **HOP !**

Elle ajoute un peu de jaune pour faire plaisir à son ami.

Masha prend un pinceau et touille, touille…
Tadam ! Rouge et jaune, ça fait orange !

PUIS, ZOU !

Les deux amis peignent à tour de rôle :
l'ours s'occupe du haut des barrières,
et Masha, du bas. Quelle bonne humeur !
Quel beau travail d'équipe !

Tous les piquets sont orange en un rien de temps. Bravo ! Masha et Michka adorent tous les deux la nouvelle couleur de la clôture.

WAOUH !

Il n'y a pas à dire : c'est vraiment une magnifique journée dans la forêt !